AF358888

NICOLO
PAGANINI.

IMPRIMERIE DE AMB. FIRMIN DIDOT,
RUE JACOB, N° 24.

NICOLO

PAGANINI.

SA VIE,

SA PERSONNE,

ET QUELQUES MOTS SUR SON SECRET,

PAR G. E. ANDERS.

PARIS,

CHEZ DELAUNAY, AU PALAIS ROYAL;

ET CHEZ LES PRINCIPAUX LIBRAIRES ET MARCHANDS DE MUSIQUE.

1831.

AVANT-PROPOS.

Tandis que l'Allemagne possède trois biographies
de Paganini, il n'en a pas encore paru en France
qui contienne des données complètes sur la vie du
grand artiste. La brochure que fit paraître, l'an dernier, M. Imbert de Laphalèque, loin de nous faire
connaître les détails de sa vie, se borne à quelques
anecdotes peu authentiques, entremêlées de réflexions et d'erreurs, déjà relevées par la *Revue
Musicale*. Nous devons, il est vrai, au directeur de
cet estimable recueil des notions plus précises sur
la vie de Paganini (1). Toutefois, aujourd'hui que le
fameux virtuose arrive au milieu de nous, et qu'il
attire sur lui l'attention du public musical tout entier, une notice plus détaillée répondra aux vœux et
aux besoins de ce public.

Nous avons consulté tous les écrits, qui en Allemagne ont paru sur Paganini. La principale source,
où nous avons puisé, est l'ouvrage de M. Schottky,
dont les données viennent de la bouche de l'ar-

______

(1) *Revue musicale*, tome VII, p. 37 et suiv. Tome IX,
p. 137 et suiv. — *Curiosités historiques de la musique*, p. 49
et suiv.

tiste lui-même. Résumer les principaux faits de son ouvrage volumineux, y ajouter quelques données nouvelles dignes d'intérêt, tirées de Schütz, Vineta et Harrys, tel a été notre but.

Peu d'artistes ont eu à se plaindre autant que Paganini de l'enthousiasme de leurs admirateurs et de la malveillance de leurs ennemis. A l'envi les uns des autres ils ont répandu sur son compte les bruits les plus absurdes, les anecdotes les plus fabuleuses, les uns par crédulité et pour expliquer par de grandes infortunes ce que son talent a de merveilleux, les autres pour noircir son caractère, faute de pouvoir nier cet admirable talent. Laissant de côté tout le détail de ces inventions, dont le ridicule a déja fait justice en partie, de cette canne par exemple dont un beau jour Paganini se serait servi en guise d'archet, de ces *passages exécutés en quatorzièmes et quinzièmes*, et d'autres historiettes de cette force; nous nous sommes attachés à vérifier les honteuses imputations qu'on lui a faites et à venger l'honneur attaqué d'un artiste, dont il nous répugne de croire le talent supérieur et la haute originalité associés à un caractère immoral.

NICOLO

PAGANINI.

Le jeu du violon semblait de nos jours arrivé à un point de perfection difficile à dépasser par l'artiste même le plus habile et le plus audacieux. Les Rode, les Lafont, les Bériot, les Baillot, ne devaient plus craindre la rivalité. Cependant un homme se présente, génie inventeur, hardi, bizarre; il dédaigne de suivre une route frayée, il se jette dans l'inconnu et devient lui-même son modèle. Le monde musical a entendu des sons nouveaux, étonnants, il a reconnu un talent créateur, et toutes les voix se réunissent, se confondent dans un seul cri d'admiration : *Il n'y a qu'un Paganini.*

C'est l'Italie qui a enfanté ce prodige. Nicolò Paganini naquit à Gènes dans la nuit du 18 février 1784, de parents d'une fortune médiocre. Son père, courtier de commerce, aimant passionnément la musique, jouait un peu de la mandoline; il n'en savait guère que ce qu'il fallait pour enseigner lui-même à son fils les éléments de l'art. Mais ses leçons n'étaient rien moins que paternelles. Pour la faute la plus légère, l'inadvertance la plus pardonnable, le pauvre enfant était mis au pain sec; et ces punitions trop fréquemment répétées ont bien pu exercer une funeste influence sur sa constitution délicate. Il était peu nécessaire d'ailleurs de recourir à ces moyens pour développer le talent précoce du jeune Paganini. Ses premiers essais témoignèrent d'un penchant irrésistible, instinctif, à produire des accords neufs et hardis; il se piquait dès-lors d'enlever les applaudissements de son petit auditoire par des hardiesses auxquelles les maîtres de l'art n'avaient pas songé. Mais ce qui lui avait surtout inspiré un merveilleux enthousiasme pour le violon, l'instrument de son choix, ce fut une vision prophétique de sa mère : « Tu seras un grand musicien, mon fils, lui avait-elle dit; un ange, brillant de beauté, m'est apparu cette nuit; il a remis à mon choix l'accomplissement d'un vœu; je l'ai prié de te rendre le premier des violinistes, et l'ange me l'a promis.»—Qu'une imagination de femme du Midi ait fait ce rêve, ou que l'amour maternel ait eu recours à cette ruse innocente pour encourager son fils; toujours est-il vrai que l'ame naïve et pieuse du jeune Paganini fut profondément ébranlée par cette prédiction. La réaliser était désormais sa grande affaire, et pour y parvenir, il mit en jeu toutes ses forces, toute sa vie.

Ses progrès de jour en jour devenaient plus frappants. A peine dans sa huitième année, il jouait déja trois fois par semaine à l'église, et se faisait entendre dans les salons. Souvent il allait voir son compatriote Francesco Gnecco, compositeur connu de cette époque par des succès obtenus sur différents théâtres d'Italie; et ces rapports sans aucun doute ont aussi exercé quelque influence sur le développement du jeune artiste.

Il commença de très-bonne heure à s'occuper de composition. D'après quelques indications que son père avait pu lui donner, il avait écrit même avant l'âge de huit ans une sonate, qui s'est perdue avec d'autres œuvres de son enfance. A neuf ans il se fit entendre pour la première fois sur le grand théâtre de sa ville natale. Marchesi, l'un des premiers *castrati* de son temps, venait d'arriver à Gènes avec la cantatrice Albertinotti. Il pria le père de Paganini de permettre que son enfant jouât dans une représentation à son bénéfice, avec la promesse de concourir, de son côté, au premier concert que donnerait le petit artiste. Dans l'une et l'autre de ces réunions, Paganini joua des variations sur l'air républicain de la Carmagnole, aux applaudissements unanimes de Marchesi et du public qui, dans ce jeune enfant, sut deviner une des gloires futures de l'Italie.

Incapable de le diriger plus long-temps, son père le remit entre les mains de Costa, premier violiniste de Gènes. Cet artiste lui donna, dans l'espace de six mois, une trentaine de leçons; mais son élève, quoique pénétré de reconnaissance pour les bons soins qu'on lui prodiguait, ne put jamais se faire au jeu de son maître. Déjà il se sentait poussé par son génie dans une nouvelle voie ; pour le doigter et pour le coup d'archet il était devenu son propre maître.

A Parme vivait alors le célèbre compositeur Rolla. C'est auprès de lui que le père de Paganini résolut de conduire son enfant. Rolla était retenu dans son lit au moment où ils arrivèrent. On les fit entrer dans une pièce voisine ; là se trouvait sur une table, auprès d'un violon, l'œuvre la plus récente du compositeur. Paganini a compris le regard de son père ; déjà l'instrument est entre ses mains ; il exécute *à vista* avec netteté et précision le nouveau concerto de Rolla qui, tout étonné, se dresse sur son lit, ne pouvant deviner à quel habile violon il devait cette surprise. C'est un enfant qui joue, lui dit-on ; le maître se refuse d'y ajouter foi, et s'élance pour se convaincre lui-même. « Je ne puis rien vous enseigner, s'écrie-t-il, lorsqu'il a entendu la prière du vieux Paganini ; allez auprès de Paër ; vous ne feriez que perdre votre temps auprès de moi. »

Paër était alors le directeur du conservatoire de Parme. Après un accueil plein de prévenance, il renvoya les arrivants à son ancien maître Giretti, musicien consommé, autrefois maître-de-chapelle à Naples. Celui-ci reçut le jeune Paganini au nombre de ses élèves, et lui donna durant six mois des leçons régulières de contre-point. Le jeune homme avança à pas de géant, et vingt-quatre fugues qu'il composa vers ce temps, prouvèrent le bon emploi de son semestre d'apprentissage. Bientôt Paër s'intéressa si vivement à lui, que tous les jours il lui consacra plusieurs heures. Au bout de quatre mois il lui confia la composition d'un duo qui réussit à la pleine satisfaction du maître. Mais Paër ayant ensuite été appelé à Venise, pour y composer un opéra, cés rapports inappréciables pour le jeune Paganini vinrent à cesser.

Après une tournée d'artiste dans les principales villes de Lombardie, le père et le fils étaient revenus à Gènes. Ce dernier cependant, passablement fatigué de la surveillance de son Mentor, aurait volontiers échappé à une si rude tutelle. Sa fierté d'artiste se révoltait contre les mauvais traitements auxquels il restait toujours exposé, et il se promit bien de profiter de la première occasion pour s'y soustraire. Elle ne tarda pas à se présenter.

La ville de Lucques célébrait tous les ans, à la Saint-Martin, une grande fête musicale. Des étrangers, invités ou non, des voyageurs nombreux arrivaient de tous les points de l'Italie, pour assister à cette solennité. A l'approche de cette époque, Paganini, à peine âgé de quatorze ans, supplie son père de lui permettre de faire, avec son frère aîné (1), le voyage de Lucques. D'abord il essuya

(1) C'est la seule mention que nous ayons trouvée de ce

des refus obstinés. Mais à force d'insister il arrache le consentement, et le voilà parti, libre, content, comme l'oiseau dans les airs. Des applaudissements unanimes accueillirent son jeu à Lucques ; encouragé par ces témoignages, il fait des courses dans les environs. Ces circonstances si simples ont été singulièrement dénaturées ; il n'en fallait pas davantage pour accréditer plus tard le bruit d'une évasion hors de la maison paternelle.

La renommée de Paganini grandissait avec rapidité. Différentes villes lui firent des offres brillantes ; il n'en accepta aucune, n'ayant d'autre désir que de courir le monde en artiste indépendant. Il se promettait de cette vie errante le bonheur suprême. Cependant, le croirait-on ? Malgré cette manie de voyage, il ne parvint à quitter sa patrie qu'une vingtaine d'années plus tard. En effet, il n'a commencé son grand pélerinage d'Europe qu'en 1828 ; jusqu'à cette époque, soit caprice, soit hasard, ses courses ne l'ont jamais conduit au-delà des frontières de l'Italie.

C'est une remarque presque triviale, qu'après une éducation despotique le jeune homme, devenu libre, ne connaît plus de frein, et abuse de l'indépendance que dès long-temps il appelait de tous ses vœux. Paganini ne fit point exception à la règle ; sans guide, abandonné à lui-même, il succomba

---

frère. Paganini avait aussi une sœur. Leur père mourut il y a quatorze ans ; mais la mère vit encore à Gênes.

plus d'une fois ; le sang génois bouillonnait dans ses veines, et sa raison n'était pas ce qu'aurait pu être celle d'un philosophe du Nord. Il contracta de tristes liaisons ; souvent il se vit engagé au milieu d'honorables joueurs, aussi adroits, aussi étonnants les cartes à la main, qu'il l'était lui, en tenant son violon ou sa guitare (1). En une soirée il perdait ainsi le fruit de beaucoup de concerts. Mais si son immense talent ne pouvait pas le préserver de pareils égarements, il le tirait toujours d'embarras ; l'argent lui arrivait en abondance dès qu'il en avait besoin. Souvent aussi de précieux instruments furent la récompense de ses accords sublimes.

C'est ainsi qu'à Livourne, il se trouva sans son violon. Un riche négociant, Livron, s'empressa de lui prêter un Guarnéri. A la fin de la soirée Paganini allait rendre l'instrument à son propriétaire. « Je me garderai bien, dit celui-ci, de profaner des cordes que vos doigts ont touchées. Mon violon vous appartient. »

Une scène toute pareille eut lieu à Parme. Un peintre distingué, Pasini, n'avait pu croire à la surprenante facilité qu'on attribuait à Paganini, de jouer à livre ouvert les morceaux les plus compliqués, il lui présenta un concerto des plus difficiles. « Ce violon est à vous, si votre exé-

(1) Paganini joue aussi de ce dernier instrument ; il en tire un grand parti en y appliquant un doigter original. Toutefois il n'apporte aucun prix à ce talent, et jamais il ne l'a montré en public.

cution ne reste pas au-dessous de la musique. » On pense bien que le résultat ne fut pas douteux.

Dans un moment d'effervescence de jeune homme, Paganini s'était bien promis de ne jamais enchaîner sa liberté par un emploi. Quelques années plus tard il changea d'avis en acceptant la place de directeur d'orchestre à la cour élégante de Lucques, où la sœur de Napoléon, la princesse Élisa Bacciocchi, attirait alors les artistes distingués.

C'est là qu'il essaya pour la première fois d'exécuter des morceaux entiers sur une seule corde (le sol.) Son incroyable adresse excita un étonnement universel et donna lieu plus tard aux bruits les plus absurdes. A un effet prodigieux il fallait bien trouver une cause extraordinaire. A en croire ces versions mensongères, notre artiste souillé d'un meurtre aurait été long-temps confiné dans un cachot, où la compassion du geôlier lui avait laissé un violon, pour égayer les ennuis de sa captivité. Peu à peu les cordes les plus faibles s'étant usées, et la plus forte ayant seule résisté à un jeu de toutes les heures, le prisonnier aurait été obligé de se servir de cet instrument incomplet. Une autre version tout aussi absurde rapporte que dès le principe, le violon n'avait eu qu'une seule corde. Et la cause, vous ne la devineriez jamais... Le geôlier, craignant que le captif ne se pendît, avait jugé prudent de détendre les autres cordes du violon. Il oubliait sans doute dans sa charitable prévoyance, qu'en cas de besoin les crins de l'archet auraient bien pu lui servir à s'étrangler.

On commenta cette anecdote de mille façons ; mais ces diverses fictions n'ont pas même le mérite d'une heureuse invention. Paganini a formellement démenti ces bruits ; il affirme n'avoir jamais de sa vie passé le seuil d'une prison, et jusqu'à la preuve du contraire, il mérite certes plus de foi que quelques journalistes peu soucieux de remonter à la source de leurs nouvelles. Son jeu étonnant sur une seule corde s'explique d'ailleurs d'une manière plus simple. Voici en quels termes il en rend compte lui-même :

« A Lucques je dirigeais l'orchestre toutes les fois
« que la famille régnante assistait à l'Opéra. Sou-
« vent aussi l'on me mandait au cercle de la cour,
« et de quinzaine en quinzaine je donnais un grand
« concert. La princesse Elisa se retirait toujours
« avant la fin, car les sons harmoniques de mon
« instrument irritaient trop vivement ses nerfs.
« Une dame fort aimable que depuis long-temps
« j'adorais en secret se montrait au contraire fort
« assidue dans ces réunions ; je crus entrevoir qu'un
« penchant secret l'attirait à moi. Insensiblement no-
« tre passion mutuelle s'augmenta ; mais des raisons
« majeures commandaient et la prudence et le mys-
« tère ; elle n'en devint que plus piquante et plus
« forte. Un jour je lui fis la promesse de la sur-
« prendre au prochain concert par une galanterie
« musicale, qui ferait allusion à nos rapports d'ami-
« tié et d'amour. En même temps je fis annoncer
« à la cour une nouveauté, sous le titre de *Scène*
« *amoureuse*. La curiosité générale fut vivement pi-

« quée, mais quel fut l'étonnement de la société, en me
« voyant entrer avec un violon à deux cordes ; je
« n'avais laissé que le sol et la chanterelle. Celle-ci
« devait exprimer les sentiments d'une jeune fille,
« l'autre prêter la voix à un amant éperdu. J'éta-
« blis de la sorte une espèce de dialogue passionné
« où les accents les plus tendres succédaient aux em-
« portements de la jalousie. C'étaient des accords
« tantôt insinuants, tantôt plaintifs ; c'étaient des cris
« de colère et de joie, de douleur et de félicité. On
« finit par se réconcilier, et les deux amants, plus
« épris l'un de l'autre que jamais, exécutent un *pas*
« *de deux* que termine une brillante coda. Cette
« scène fit fortune ; je ne vous parle point des re-
« gards enivrants que la dame de mes pensées laissa
« tomber sur moi. La princesse Elisa, après m'a-
« voir comblé d'éloges, me dit fort gracieusement :
« Vous venez de faire l'impossible avec deux cordes ;
« une seule ne suffirait-elle pas à votre talent ? Je
« promis sur-le-champ d'en faire l'essai. Cette idée
« sourit à mon imagination, et quelques semai-
« nes plus tard je composai pour la quatrième
« corde une sonate intitulée : *Napoléon*, que j'exé-
« cutai le 25 août devant une cour nombreuse et
« brillante. Le succès dépassa mon attente ; une
« cantate de Cimarosa qu'on donna dans la même
« soirée, manqua son effet. Aussi ma prédilection
« pour le *sol* date-t-elle de là. On ne se lassait point
« d'entendre de mes œuvres écrites pour cette
« corde ; et comme le jour en apprenait toujours

« au lendemain, je suis arrivé à cette facilité qui
« ne doit plus avoir rien d'étonnant pour vous. »

Cette explication, si simple, si naturelle, mais
peu satisfaisante par cette raison même pour ceux
qui recherchent le romantique en toutes choses,
mérite bien d'être préférée à des suppositions sans
vraisemblance, qu'on n'a pas même pris la peine
de bien accorder entre elles.

En examinant de plus près l'origine des bruits
fâcheux pour la réputation de Paganini, que l'on
avait répandus, on trouve qu'un violiniste polonais, Duranowski, habitait Milan à la même époque
que Paganini. Entraîné par quelques mauvais su-
jets, Duranowski avait surpris de nuit, par escalade,
une ferme isolée ; et, au terme de la loi, il fut puni
d'un emprisonnement assez sévère. Il obtint cependant la permission d'emporter son violon dans son
cachot. On ignore tout-à-fait quel a été par la suite
le sort du jeune Polonais, dont les aventures, sans
doute, ont été mises sur le compte de l'artiste
génois.

On ne sait pas au juste à quelle époque Paganini quitta la cour de Lucques, ni s'il se retira dans
sa ville natale ou sur quelqu'autre point de l'Italie.
Toute cette période de sa vie fournit peu de données
à la biographie. Peut-être faut-il placer ici une
anecdote assez comique, qui, cependant, aurait pu
entraîner les suites les plus graves. A quelque époque
qu'elle appartienne, son authenticité est garantie
par un témoin oculaire.

2

Paganini venait d'arriver avec un de ses amis à Ferrare, pour y donner un concert. Madame Marcolini lui avait promis de chanter; mais, capricieuse et mobile, elle déclare, au moment de la répétition, qu'elle ne chanterait pas. Paganini, bouillonnant de colère, retourne à son auberge, et se plaint de ce fâcheux contretemps à son ami. Dans l'intervalle, ce dernier avait appris qu'une autre artiste, madame Pallerini, occupait un appartement dans le même hôtel. De fait, madame Pallerini ne se montrait que dans les ballets; trop modeste ou trop timide, elle ne chantait jamais en public, quoiqu'elle ne fût pas sans talent pour le chant, qu'elle cultivait en même temps que l'art des entrechats. Paganini ne perd pas un instant pour se rendre près d'elle, la conjure de chanter dans son concert, et parvient à lui arracher un consentement.

En arrivant sur la scène, elle est saisie d'une frayeur invincible; la voix lui manque; le morceau de chant ne produit aucun effet. Paganini lui offre le bras pour la reconduire; mais, avant de rentrer dans les coulisses, un épouvantable sifflet se fait entendre. C'en était trop; la pauvre débutante perd connaissance, et tombe dans les bras de son ami. Pâle de colère et de rage, Paganini lui promet une éclatante vengeance.

Le concert tirait à sa fin, lorsque l'artiste irrité se penche à l'oreille de madame Pallerini : *Venite ! sentirete !* Il se précipite sur le théâtre, le violon en main, annonçant au public qu'il allait terminer la soirée par une facétie musicale. Et le voilà qui imite, à s'y méprendre, la voix de différents animaux; il fait hurler des chiens, chanter le coq; puis, jetant à la dérobée un coup-d'œil vers la coulisse, comme pour annoncer l'exécution de sa vengeance préméditée, il s'avance presque sur la rampe du théâtre, pose son archet sur la chanterelle, immédiatement au-dessus du chevalet, le pousse d'un seul trait; le fait retomber avec violence sur le sol, et produit ainsi le cri distinct de *hi—han*.

« Questo è per quello che ha fischiato! »

« Voici pour le sifflet », s'écrie-t-il d'un air triomphant, et, pour la seconde fois, il répète son tour d'adresse avec plus d'énergie encore.

Selon toute apparence, il s'était attendu au rire inextinguible du public, à des huées universelles qui retomberaient sur le pauvre sifflet. Mais, loin de là, le parterre se leva tout entier, hurlant, sifflant, tempêtant, frappant des pieds; les plus furieux se mettent à escalader le théâtre, à poursuivre l'artiste stupéfait, qui fut trop heureux d'échapper, par une porte dérobée, à la vengeance d'un public irrité.

Voici quelle fut la cause de cet épouvantable tumulte. Les habitants des bourgades autour de Ferrare nourrissent, depuis un temps immémorial, des préjugés fort bizarres contre leur capitale. Ils pré-

tendent, sans alléguer d'autres raisons, que les Fer-
rarais sont stupides de leur nature, et dignes du
vieux sobriquet de *hi-han.* Un campagnard qui revient
de la ville, ne répondra jamais à la question : *D'où
venez-vous ?* par la phrase la plus simple : *Dé
Ferrare*, mais par le cri injurieux de *hi-han.*

Paganini, qui ne s'était guère occupé d'histoire
locale, expia assez durement une ignorance pardonnable. Quoique l'exaspération ne tardât pas à se
calmer, le magistrat lui fit intimer de ne pas donner un second concert, infligeant de cette manière
une punition plus sensible peut-être à la partie of-
fensée qu'à celui même qu'elle frappait.

A partir de 1813, les faits biographiques de-
viennent plus nombreux, et surtout plus précis.
Cette année-là, il se trouvait dans sa ville favorite,
Milan, qui, de toute l'Italie, a pu jouir le plus souvent des accords enchanteurs de Paganini (1). Déjà
il avait atteint à toute la hauteur de son talent;
et l'Italie le proclamait alors le premier violon de
son siècle. C'étaient surtout ses variations appelées
le Streghe (les Sorcières) (2), qui enlevaient alors
tous les applaudissements.

(1) Il y séjourna à trois reprises et se fit entendre dans 37
concerts.

(2) Ce sont des variations sur une danse de sorcières prises
dans le *Noce de Benevento*, ballet de Vigano, musique de
Sussmayer, célèbre compositeur allemand, qui compléta le
Requiem de Mozart.

Il passa l'année suivante encore à Milan, où depuis peu s'était formée la société philharmonique des *Orfei*, qui le nomma son directeur. Paganini, nous l'avons déja remarqué, avait fait de la capitale de la Lombardie son séjour de prédilection; aujourd'hui, il en parle encore avec une affection toute particulière. Il y revint, après un voyage à Gênes, pour offrir aux Milanais le spectacle d'une lutte unique dans les annales de l'art musical.

Ce fut Lafont qui l'y provoqua. Cédant à ses instances, Paganini accepta le défi, et lui laissa la dispostion du programme. Ils jouèrent ensemble un concerto de Kreutzer, le même que ce dernier avait exécuté un jour à Paris avec Rode. Suivirent des variations de Lafont sur un thême russe, auxquelles Paganini répliqua par d'autres de sa composition (*le Streghe*). Le jeu des deux artistes fut couvert d'applaudissements, et, tout en rendant justice à Lafont pour la beauté du son et la précision , on tomba d'accord que, pour les difficultés à vaincre, Paganini n'avait pas d'égal.

Les dix années suivantes sont remplies par des tournées d'artiste. Paganini, inquiet et voyageur, aime par-dessus tout le changement ; jamais il n'est sédentaire ; au moins une fois par an il lui faut changer de domicile. En 1818, il est à Turin; en 1819, à Florence et à Naples; en 1821, à Rome ; en 1822, nous le retrouvons dans son cher Milan. Un de ses admirateurs vint lui demander si, dans son absence, il avait fait des progrès. « Pas mal, répliqua-t-il, et je me passe d'orchestre à présent. » Et là-dessus il se mit à jouer à lui seul de nouvelles variations, en s'accompagnant lui-même (1). Les années 1825 et 1826 se passèrent à Palerme ; c'est là qu'il eut le bonheur de devenir père de son Achillino, charmant enfant, qui de sa petite main tient déjà l'archet, s'essayant à trouver des mélodies et des accords. Peut-être est-il destiné à suivre les traces de Paganini, dont il est l'idole. « J'en suis vraiment jaloux, » disait celui-ci quelquefois en riant à ses amis. La signora Antonia Bianchi, mère d'Achillino, après avoir été long-temps l'amie, la compagne du célèbre artiste, qu'elle secondait dans ses concerts, a fini par se séparer de lui à Vienne (1828); où, pour dire la chose comme elle s'est passée, fatigué de son humeur bizarre et de ses caprices souvent accompagnés d'accès de fureur, Paganini la congédia, peut-être de crainte que, dans un mouvement de colère, elle ne lui brisât tous ses instruments, comme elle l'avait déjà fait pour un superbe violon de Crémone, dont la belle signora était venue à s'emparer, et qu'elle allait briser impitoyablement contre le plancher, sans l'intervention officieuse des habitants de la maison.

(1) Il ne serait pas exact de dire qu'avant Paganini aucun violon n'ait eu cette idée, mais c'est lui qui a poussé ce tour d'adresse jusqu'aux bornes du possible. Il accompagne la mélodie par un pizzicato, et de la sorte il fait entendre à la fois et le son d'une harpe et celui d'un violon, ou bien de deux instruments d'un genre différent.

De Palerme, Paganini était retourné à Rome
(1827), où il donna de nombreuses séances.
Léon XII le fit chevalier de l'Éperon d'or, distinc-
tion qui avait été accordée aussi à Gluck et à Mozart. Comblé d'honneurs et de gloire, et de plus en
plus épris de cette vie vagabonde, il paraissait ne
pouvoir plus se résoudre à un voyage dans l'étranger, quoiqu'une tournée européenne eût été dans
ses projets de jeunesse. Le prince de Metternich
l'ayant entendu à Rome, insista pour qu'il se rendît
à Vienne. Paganini, flatté des vives sollicitations
du ministre, se décida promptement, et partit
pour la capitale de l'Autriche.

Une grande renommée l'avait précédé : on s'at-
tendait à l'impossible; et néanmoins la réalité fut
au-dessus des espérances les plus hardies. Le premier concert eut lieu le 29 mars 1828. Le public
de Vienne, accueillit le virtuose avec un enthousiasme sans égal; ce n'était qu'un cri de joie
et d'admiration; c'étaient des trépignements sans
fin, une fureur, une frénésie. Le sens musical
est exquis et généralement répandu à Vienne; les
vrais connaisseurs n'y sont pas en petit nombre;
tous convenaient n'avoir jamais rien entendu de pa-
reil. Les premiers artistes de Vienne, tels que Mey-
seder et autres, lorsqu'ils entendirent ces sons magiques et inimitables, restèrent pétrifiés d'étonnement; le mécanisme de l'exécution leur parut un
autre problème insoluble. Dans toutes les villes
d'Allemagne, les violons les plus distingués firent
le même aveu, reçurent la même impression.

A Vienne, l'ivresse fut universelle; le nom de Paganini était sur toutes les lèvres : grands et petits, riches et pauvres, tous étaient confondus dans un même sentiment. Son séjour fit époque dans l'empire de la mode; coiffures et robes, tout était *à la Paganini* (1). La gastronomie rivalisa de zèle pour répandre sa renommée; les mets favoris de ces bons gourmands du Danube empruntaient son nom, et renonçaient au patronage, que d'autres artistes ou des hommes d'état leur avaient prêté jusqu'alors. Son buste en beurre ou en sucre cristallisé s'offrait partout au bon goût de ses admirateurs.

Au billard, on inventa un coup *à la Paganini*, quoique le *maestro* eût déclaré n'avoir jamais pris en main une queue de billard, dont le maniement était incompatible avec celui de l'archet. Sur les tabatières, les boîtes à cigares, sur les pommes de cannes, on reproduisait sa figure, ressemblante ou non. Indépendamment de ces honneurs, fruits de la popularité, des honneurs d'un genre plus relevé furent décernés à Paganini. On frappa une médaille (2)

(1) Un jour, notre *maestro* entre dans un magasin de modes, et demande des gants. On lui en donne à la giraffe. « No, no, signora, *d'una altra bestia !* » Et la marchande de lui présenter des gants *à la Paganini*.

(2) Elle fut exécutée par M. Lang. D'un côté se voit le buste de Paganini avec cette exergue : *Nicolao Paganini. Viennæ MDCCCXXVIII.* Sur le revers, un violon et l'archet appuyés contre un livre de musique entr'ouvert, dont les feuillets contiennent quelques notes d'un air favori de Paganini.

à sa gloire, le magistrat de Vienne, pour l'honorer dignement, lui fit présent de la grande médaille de San Salvator, et l'empereur lui conféra le titre de virtuose de sa chapelle. (*Cammervirtuose.*)

Devenu ainsi l'objet de l'admiration générale, on pourrait dire d'une espèce de culte, Paganini jouissait du dernier bonheur que l'art puisse donner. Mais il devait être troublé dans cette félicité : on attaqua son caractère moral, qui, pour l'artiste, doit être plus sacré que l'art même. Des bruits odieux se mirent à sa poursuite, inventés peut-être par des ennemis jaloux, ou, ce qui paraît plus vraisemblable, nés d'une grossière erreur. Il devait (d'après la rumeur publique) avoir empoisonné son épouse ; et quand il fut prouvé qu'il n'avait jamais été marié, c'était pour le moins une amante qu'il aurait poignardée. Selon d'autres, il avait commandé à une bande de brigands : un crime quelconque, en un mot, devait avoir amené pour lui une longue captivité. Et Paganini avait beau réfuter tous ces mensonges, ils ne faisaient que grandir dans la bouche de la multitude, et dans l'imagination de quelques têtes romanesques, au point qu'il se vit enfin obligé de publier dans les journaux de Vienne la déclaration suivante :

« Paganini s'empresse dè témoigner sa reconnaissance au rédacteur de l'article inséré dans le *Journal des théâtres* du 5 de ce mois. Mais en le remerciant de ce qu'il a dit d'obligeant à propos de son premier concert, donné devant le respectable et très-

savant public de Vienne, il croit que quelques ex-
pressions, faisant allusion à des bruits calomnieux
répandus dans le vulgaire, nécessitent de sa part
une déclaration authentique et formelle. Il proteste
donc, autant dans l'intérêt de sa réputation et de
son honneur que dans celui de la vérité, que jamais,
en aucun temps et en aucun lieu, sous quel gou-
vernement que ce puisse être, il n'a été contraint,
pour un motif quelconque, à une existence diffé-
rente de celle qui convient à un homme libre, à un
citoyen honorable et fidèle observateur des lois.
C'est ce qui résulte du témoignage de toutes les autorités sous la protection desquelles il a su vivre
libre et avec honneur pour lui, pour sa famille et
pour l'art qui lui procure l'avantage de paraître en
ce moment devant un public aussi connaisseur et
aussi bienveillant que celui de Vienne, le premier
devant lequel il a l'honneur de se présenter depuis
sa sortie d'Italie (1). »

Nicolò Paganini.

(1) « Paganini, nell'atto che protesta la sua gratitudine per
ciò che piacque al redattore dell'articolo inserito nella Gazzetta
dei Teatri del 5 corrente, di esprimere in riguardo del suo
primo concerto dato dinanzi a questo colto e rispettabilissimo
pubblico di Vienna, si crede in dovere di chiarire il pubblico
medesimo su di una espressione che in quel articolo si legge e
sembrerebbe relativa a voci vaghe troppo falsamente sparse da chi
ignora la prima origine. Deve dunque a onor proprio e del vero
asserire, che in nessun tempo o luogo fu egli sotto qualsivo-
glia governo costretto per ragione qualunque a vita diversa di

On s'imagine sans doute qu'une telle protestation et l'assurance avec laquelle notre artiste en appelle au témoignage des autorités de toutes les villes où il a séjourné, devaient suffire pour imposer silence à tous les bruits. Mais dans cette occasion aussi l'on vit qu'il est bien plus facile d'accréditer l'histoire la plus invraisemblable que de faire jour à la vérité. Paganini ne parvint pas à prouver son innocence à tout le monde. Il restait toujours des crédules qui ne pouvaient se défendre d'ajouter foi aux fables répandues sur son compte; son extérieur même, ces traits mélancoliques qui semblent trahir de longues souffrances, étaient pour beaucoup de personnes une preuve suffisante. De nouvelles circonstances furent imaginées : il fut dit qu'on montrait à Mantoue la tour qui avait servi de prison à notre artiste. D'autres assignent tantôt Gênes, tantôt Milan, comme l'endroit de la captivité. Pour découvrir le véritable fonds de toutes ces histoires, quelques personnes ont écrit en Italie. On ne leur répondit par aucune preuve des faits que l'on ose avancer; au contraire, il devint très-probable que

quella che conviene a uomo libero, onorato cittadino e fedele esecutore delle leggi. Del che faranno fede, ove potesse abbisognare, le autorità tutte, sotto lo scudo delle quali ha egli saputo vivere libero e con onore per se, per la famiglia et per l'arte, in cui è ora dato di prodursi davanti a un pubblico conoscitore ed indulgente, qual è questo di Vienna, il primo cui ha l'onore di presentarsi al suo uscire d'Italia.

« Vienna 10 aprile 1828.   Nicolò Paganini. »

l'on avait confondu Paganini avec le jeune violiniste polonais, dont il a été parlé plus haut.

De Vienne notre artiste se rendit à Prague. Soit qu'il existe entre ces deux capitales une rivalité philharmonique, qui porte les habitants de Prague à reviser les jugements de Vienne, soit que Paganini blessât peut-être de son côté quelques susceptibilités, en refusant les billets de faveur que le prix élevé de l'entrée faisait avidement rechercher, il ne fut pas accueilli avec le même enthousiasme. Pendant son séjour en Bohême, plus d'une voix malveillante s'éleva, cherchant à rabaisser l'artiste, que peu de jours auparavant l'Autriche avait porté aux nues. Les injures violentes que lui prodigue un journaliste de Prague, doivent sans doute être mises sur le compte de quelque désappointement semblable à celui dont il vient d'être question : on peut le supposer avec d'autant plus de vraisemblance, que le public se garda bien d'y souscrire, et que ses applaudissements furent assez vifs, même à Prague, pour dédommager l'artiste d'une injustice passagère.

En 1829, Paganini passa successivement à Dresde, à Berlin, à Varsovie. Dans la seconde de ces villes, il fut reçu avec un enthousiasme que Mlle Sontag elle-même n'a jamais fait naître à ce point. Aussi disait-il avec complaisance : *J'ai donc retrouvé mon public de Vienne* (1).

(1) Personne ne paraît plus que lui sensible aux bons procédés. En quittant Varsovie, au mois de juillet 1829, il fut arrêté à quelque distance de la ville par une nombreuse société,

L'accueil fut le même dans toute l'Allemagne :
c'était comme une marche triomphale ; plusieurs
villes lui envoyèrent des députations en forme pour
l'inviter à se laisser applaudir chez elles. Il s'éleva un
seul critique sévère à Augsbourg; son langage est en
tout point celui du journal de Prague ; ses motifs
d'animosité sont probablement les mêmes aussi, et
ne méritent guère d'être mis en ligne de compte.
Qu'est-ce que la voix isolée d'un envieux, quand le
monde musical a prononcé, quand les premiers
artistes d'Allemagne se rangent humblement devant leur maître?

Dans ce moment le bruit s'était répandu que Paganini allait venir à Paris; les dilettanti de la capitale brûlaient de le voir arriver, lorsque trompant
leur impatience, il prend le chemin de la Hollande.
De retour de ce voyage, il séjourne, pendant une
année presque tout entière, à Francfort, ville philharmonique s'il en fut, et digne en effet de fixer
dans son sein un compositeur ou un artiste. Paganini semblait, en y prenant racine, avoir renoncé
pour long-temps à ses goûts nomades ; plus de journal qui vînt ranimer notre espérance de le voir

qui s'était donné rendez-vous dans un jardin. On porta la
santé de l'artiste, et le directeur du Conservatoire, M. Elsner,
lui remit une tabatière précieuse avec cette inscription : « Al
« cavaliere Nicolo Paganini, gli ammiratori del suo talento.
« Varsovia 19 luglio 1829. » Paganini la pressa contre ses lèvres, muet de surprise et ému jusqu'aux larmes.

bientôt sur les bords de la Seine ; la plus vive curiosité paraissait condamnée à ne pouvoir se satisfaire.

Tout-à-coup le *Courrier du Bas-Rhin* nous apporte l'heureuse nouvelle de son arrivée à Stras-
bourg, où l'appelait depuis long-temps l'impatience
d'un public capable de l'apprécier : deux concerts
qu'il y donna portèrent l'enthousiasme de toute la
population au plus haut degré, et un accident que
son irritabilité nerveuse lui suscita au milien de son
jeu, ajouta encore au prestige attaché à son archet
incomparable, et à l'effet que produit l'expression
de sa figure et l'inspiration qui le domine. Paris ne
devait pas rester plus long-temps sans admirer à son
tour l'immense talent de Paganini. Déjà il est parmi
nous, déjà il se prépare à nous dédommager d'une
si longue attente.

Peu de jours encore, et nous entendrons ces ad-
mirables accords qui ont fait tressaillir d'enthousiasme l'Italie et l'Allemagne, nous sentirons nous-
mêmes les effets de ce charme invincible qu'il ré-
pand sur ses auditeurs, et nous nous empresserons
de ratifier, par nos unanimes acclamations, une réputation que nous avions admise de confiance, et à
laquelle nos suffrages ne pourront rien ajouter.

———

Il nous reste à citer quelques traits de Paganini,
pour mettre en relief l'homme, ses qualités per-

sonnelles et son caractère. Tel qui l'avait vu pour la première fois, prétendait avoir éprouvé un malaise, difficile à définir ; effet probable d'une imagination montée par les anecdotes bizarres de brigands, etc., qu'on avait répandues sur le compte de l'artiste. Prévenu de la sorte contre lui, on était préparé à voir paraître un homme aussi extraordinaire par son extérieur que par son histoire, telle qu'on l'avait faite : et voilà que s'avance un homme pâle, maigre, maladif, à la taille élancée, au regard timide bien que perçant ; ses cheveux noirs tombent en désordre et relèvent par leur couleur de jais un teint blême et jaunâtre ; sur ses joues creuses, dans ses yeux sombres, qu'anime passagèrement l'éclair de l'enthousiasme, dans l'ensemble de cette physionomie douloureuse se peint une profonde mélancolie ; le doigt de la souffrance a passé sur ses traits, ils parlent du chagrin de vivre... Quoi de plus naturel pour les uns que de rechercher la clef de cet affaissement peu commun dans des contes romanesques et absurdes. D'autres cependant, plus près de la vraisemblance, attribuent cette expression languissante à un état maladif, presque habituel. Cependant tous peuvent reconnaître à la noblesse de ce front élevé, à la finesse de ces lèvres, qu'effleure un ironique sourire, à ce profil hardi, l'empreinte du génie qui un moment après se révèle avec plus d'énergie à son auditoire, enlevé par de magiques accords.

Quand on a vu cet homme faible, souffrant, son jeu énergique si soutenu paraît d'autant plus étonnant; nouvelle preuve que l'ame exaltée traite le corps en esclave. « Dans mes concerts, dit-il, je change de nature ! » — En effet, que ses doigts effleurent les cordes, on le dirait soudain touché d'une étincelle divine, qui le pénètre, l'électrise et communique à son esprit le feu céleste. Mais cette inspiration, il l'achète toujours par un redoublement de douleurs physiques; à la fin d'une séance, il rentre épuisé, fiévreux, et de longues insomnies lui font expier le bonheur d'un moment.

Pendant qu'il joue, sa mémoire n'est pas moins active que le reste de ses facultés; jamais il ne se sert de cahiers de musique, pour l'exécution de ses propres œuvres. Il nous dira lui-même jusqu'à quel point il peut compter sur cette précieuse faculté.

« Ma mémoire me servit mal, le jour même d'un concert où je devais donner, mon larghetto sur le thême si connu du Don Juan, *La ci darem la mano.* Pour le retrouver, je relus pendant une heure la partition, et il n'en fallut pas davantage pour en rafraîchir en moi ce souvenir. D'ailleurs l'accompagnement de l'orchestre me rappelle toujours ce qui va suivre; voilà pourquoi je puis jouer en toute confiance, sans avoir de cahier devant moi. »

Ceci ne s'applique pourtant qu'à ses propres compositions : quant à celles des autres, il les prend devant lui, mais accoutumé comme il est à déchiffrer avec une étonnante rapidité, il ne les exécute pas avec moins de facilité et d'aisance. Dès sa première jeunesse, il jouait, à livre ouvert, les morceaux les plus difficiles; plus tard sa facilité tenait du prodige et de l'audace. Sans fanfaronnade aucune, il portait sur les affiches de ses concerts un défi à tout envieux, s'offrant à exécuter toute espèce de morceau, qu'on lui présenterait dans la soirée même.

On a fait grand bruit d'une autre anecdote. Paganini jouait dans une fête d'église; son cahier de musique tombe par terre; un maladroit officieux le replace sur le pupitre, mais à la renverse; et, sans se déconcerter, sans avoir l'air de s'être aperçu de la méprise, l'artiste va jusqu'au bout; ce fait, confirmé par Paganini lui-même, n'a du reste rien de bien étrange; d'autres, avant lui, avaient fait preuve de la même habileté (1).

Paganini n'a pas le défaut de trop chercher à se faire valoir; il est d'une grande simplicité et tout-à-fait exempt de cet amour-propre, l'apanage ordinaire des talents médiocres. Toujours prêt à rendre justice aux talents des autres, il est rigide et exigeant lorsqu'il s'agit de se juger lui-même. « Souvent, dit-il, j'avais réussi à charmer mon auditoire, et cependant je restais confus, mécontent de moi,

(1) Nous citerons à l'appui de cette assertion l'exemple très-remarquable de Goldberg, mort à la fleur de l'âge et que Séb. Bach regardait comme son meilleur élève. Ce jeune musicien jouait les morceaux les plus difficiles pour le piano, sur des notes placées à rebours. Voyez Gerber, *Diction. hist. des musiciens*.

car les applaudissements de mes auditeurs ne me font pas illusion, et ce que le public accueille avec enthousiasme n'est pas ce qui me satisfait le plus. » Cet aveu honore, ce me semble, un artiste accablé de louanges dès sa plus tendre enfance, et qu'on porte aux nues aujourd'hui. Toujours simple, toujours modeste, il mérite bien qu'on lui applique le vers de Pétrarque :

Umile in tanta gloria.

S'il a souvent refusé de se faire entendre, quand on l'en priait, ce n'est pas au caprice, à l'orgueil, ou à des motifs pécuniaires qu'il aurait fallu attribuer un refus qui ne tenait tantôt qu'au malaise physique, tantôt à l'absence de cette fièvre d'inspiration, si nécessaire à tout artiste, lorsqu'il veut ébranler son auditoire. Paganini n'ignore pas que son public lui arrive exigeant et la tête montée sur son compte ; pourquoi le blâmer de ce que, jaloux de sa gloire, il ne cède point à des demandes quelquefois intempestives, surtout les jours où il ne se sent pas à la hauteur de son talent ?

Était-ce sa faute ou celle d'indiscrets solliciteurs si dans mainte occasion il s'est soustrait à de semblables instances d'une façon un peu mordante? A Prague, il avait été saigné par un médecin mélomane qui voulait se faire payer par lui en sonates de ses courses et de ses drogues. Paganini venait de se rétablir, lorsque le pauvre homme vint à lui :

« Essayez donc, monsieur, si vous êtes capable de
tenir le violon. » Paganini cherche des excuses, le
médecin insiste. » Allons, quelques coups d'archet,
pour voir si cela peut aller. » Enfin, poussé à bout,
l'autre saisit son instrument, et après quelques coups
d'archet en l'air et à distance respectueuse des cordes,
il s'écrie : « Oh oui ! cela ira à merveille ! » L'Esculape
bohême dut renoncer à en obtenir une autre preuve.

Il en arrivait de même à tous ceux qui, habi-
tant le même hôtel que Paganini, espéraient
saisir au passage quelques-uns de ses sons enchanteurs; car il ne s'exerce que bien rarement. On
a été jusqu'à supposer qu'il en agissait comme
le célèbre Lulli, qui avait coutume de se vanter de
ne pas avoir besoin de répétitions ni d'exercices
comme le commun de ses confrères. Effectivement
on ne l'entendait jamais jouer dans son appartement. Le hasard donna le mot de l'énigme : on
découvrit, au milieu des hardes de ce fameux violiniste, un archet frotté de savon en guise de co-
lophane; et c'était par cet expédient qu'il avait
réussi en jouant très-doucement, portes et fenêtres
fermées, à se donner une jouissance d'amour-propre et un air de génie spontané. Paganini, trop
grand dans son art pour ne pas dédaigner de si
petits artifices, n'a pu descendre à la même super-
cherie; et si on l'a pensé, ses amis intimes le nient
formellement (1).

___

(1) George Harrys, pendant deux mois le compagnon de

Mais on ne s'est pas borné à de si futiles accusations. Des reproches plus graves ont été adressés à notre artiste, et ceux-là demandent que nous nous y arrêtions, afin d'effacer les taches dont on s'est efforcé de noircir son caractère.

On l'a accusé d'une sordide avarice; mais c'est une ligne bien délicate, que celle qui sépare l'économie de l'avarice. Il est plus difficile encore de préciser le point de démarcation, lorsqu'il s'agit de juger un étranger, dont les habitudes nationales, différentes des nôtres, prêtent à de fausses interprétations, à des jugements inexacts. Il se peut que Paganini, estimant un peu plus la valeur de l'argent qu'il ne l'a fait dans sa jeunesse prodigue, cherche à se créer pour ses vieux jours une existence indépendante; mais certes un homme qui ne vit que pour son art, négligent au point de laisser exposées à tout venant bourse, tabatière, bagues et tout ce qu'il a de précieux, ne peut être taxé d'avarice.

Une semaine après son arrivée à Prague, et quand il fut déja sorti de son hôtel pour s'établir dans un autre quartier, il n'avait pas songé encore à faire prendre une partie de ses effets qui étaient restés dans sa calèche, sous un hangar ouvert de l'au-

voyage de Paganini, à côté duquel il prenait sa chambre dans les hôtels, assure n'avoir jamais entendu de lui d'autres sons de violon que ceux qu'il tirait de son instrument en l'accordant; encore ne le faisait-il qu'à la veille d'un concert et quelques moments avant la répétition.

berge. Au bout de quelques jours, il a besoin d'argent, et cependant une indisposition ne lui a pas permis encore de se faire entendre, sûr moyen de se tirer d'embarras. Alors seulement il se souvient de sa cassette laissée à l'abandon dans un coin de sa voiture. Il envoie à la recherche un homme d'affaires qui la retrouve heureusement avec les ducats qu'elle devait renfermer. Certes ce ne sont pas là les habitudes d'un avare ; Orgon n'oubliait pas sa chère cassette.

Cette même indifférence pour tout ce qui n'est point musique lui fait négliger aussi sa mise. Personne ne s'inquiète moins que lui des exigeances de la mode. Faire sa toilette, c'est un terme rayé de ses papiers, et la nécessité de soigner un peu sa mise le dégoûte des sociétés les plus brillantes. « Plus d'une fois, dit M. Schottky, je l'ai trouvé « qui se tourmentait plusieurs jours à l'avance « d'une invitation inévitable, qui devait l'arracher à « sa nonchalance habituelle. Le jour terrible venu, « c'était un embarras difficile à décrire, il passait « un temps infini à s'habiller, au milieu de mille « interruptions ; puis le moment de sortir arrivé, « et ne pouvant plus tarder, il terminait en un « clin-d'œil ce qui avait semblé l'affaire d'une « journée. »

Aussi ne se trouve-t-il bien à son aise qu'au milieu de quelques amis, lorsqu'il peut se livrer sans gêne à une conversation animée. Tous ceux qui l'ont connu dans ces réunions intimes, vantent son amabilité, son esprit, sa bonne humeur, toutes qualités formant un étrange contraste avec son extérieur sombre et mystérieux. Qu'après tout, quelques bizarreries, quelques singularités de son caractère ne pussent heurter un observateur peu enclin à l'indulgence, nous n'en disconviendrons pas ; mais que font ces taches légères, éclipsées comme elles sont par un admirable talent, par une ame ouverte à toutes les impressions généreuses ?

On a porté les jugements les plus opposés sur les qualités intellectuelles de Paganini ; ses détracteurs en ont fait un homme ignorant, dénué de toute ressource d'esprit, tandis que ses amis lui prêtent des connaissances, auxquelles il est lui-même loin de prétendre. Contraint par son père, pendant sa première jeunesse, à donner dix à onze heures par jour au violon, épuisant toutes ses forces à cet exercice, il n'a pu, de son propre aveu, recevoir une éducation scientifique. Le cercle de sa lecture a été très-restreint : il ne connaît que les poètes de l'Italie ; il ne parle d'autre langue que l'italien et le français. Mort au monde extérieur, s'intéressant peu aux graves intérêts de la politique, il vit dans une sphère toute d'harmonie, retiré des heures entières dans son appartement, rêveur, assailli par des combinaisons musicales, qu'il jette à la hâte sur le papier, ou bien formant de vastes projets et se laissant aller aussi à son idée favorite, qui consiste à fonder en Italie un conservatoire de musique.

Nous ne pouvons terminer ces réflexions sans faire mention d'un trait de la vie de Paganini, trop honorable pour son caractère pour ne pas trouver ici sa place.

Paganini assistait, à Vienne, à un concert où l'on exécutait la symphonie en la majeur de Beethoven. Profondément ému par cette sublime création, il était là, muet, le regard fixe et morne; tout-à-coup des larmes roulent dans ses yeux; sa douleur et son émotion lui arrachent une simple parole : *È morto !* s'est-il écrié; et jamais l'immortel auteur de *Fidelio* n'a été plus dignement célébré que par ces larmes, par cette simple parole. Le jour viendra où quelque disciple, quelque ami de l'artiste génois dira à son tour, saisi d'une tristesse amère : *È morto !* mais son nom vivra dans l'histoire des arts : il vivra auprès de celui qu'il a si noblement pleuré.

———

Après avoir fait connaître l'homme, il resterait à caractériser le genre de son talent et à chercher à deviner son secret. Mais les plus grands musiciens se sont vainement efforcés de découvrir ce dernier, et tant qu'il ne plaira pas à Paganini, lui-même, de nous y initier, nous serons réduits sur ce point à de simples conjectures; et quant à son talent, nous n'oserions encore en aborder l'examen. Il faut l'entendre pour le juger, et un concert donné par lui nous apprendra plus à cet égard que tout ce que nous pourrions emprunter aux ouvrages qui jusque là nous ont servi de guides. Nous pourrons revenir sur cette matière; et en attendant, quelques notions générales serviront à préparer nos lecteurs à la jouissance qui ne tardera pas à leur être offerte.

Paganini n'appartient à aucune école; créateur d'une méthode originale, il restera toujours, peut-être, unique et inimitable. Quelques-uns de ses compétiteurs l'ont accusé de charlatanisme; mais ce reproche ne peut guère s'adresser avec justice qu'à l'époque de sa jeunesse, où il se laissait aller à quelque afféterie, et visait à l'effet.

Quoiqu'il en soit, sous sa main les cordes du violon ont changé de nature; il a fait entendre des sons inconnus jusqu'à lui, et il se joue de difficultés qui jusqu'ici avaient paru insurmontables.

De quel procédé s'est-il servi, pour arriver à cette supériorité?

« Ognuno ha i suoi segreti »; chacun a ses petits secrets, répliqua-t-il sèchement à un artiste viennois, qui l'avait supplié de lui résoudre le problême. Cette réponse imposa silence aux questionneurs indiscrets; toutefois on ne renonça pas à sonder le mystère; plus d'un violiniste allemand l'a entrepris. M. Guhr, maître de chapelle à Francfort, semble être arrivé le plus près de la solution. Le résultat de ses recherches est déposé dans une monographie, dont il a paru une traduction française. L'article de la *Cæcilia* (*Journal musical allemand*), qui énumère les points principaux de sdécouvertes de M. Guhr, a été extrait par la *Revue Musicale* (T. VI, n° 22). Nous y renvoyons nos lecteurs.

A dire vrai, il n'est guère probable que M. Guhr ait été jusqu'au fond de la question. Paganini tient quelque chose en réserve, on ne saurait en douter. La réponse qu'il fit à Mayseder, de Vienne, n'était ni évasive, ni moqueuse; il prétend, en effet, être le possesseur d'un important secret; et, nouveau prêtre d'Isis, il refuse d'ouvrir le sanctuaire.

« Dans nos entretiens,» c'est M. Schottky, son biographe, qui parle, « Paganini revenait très-souvent à « dire, qu'un jour, fatigué de voyages et de concerts, « du fond de sa retraite, il communiquerait au public « un secret, dont ne se doutaient pas les conserva- « toires de musique, secret d'une efficacité telle, « qu'un jeune homme, par son moyen, arriverait, au « bout de trois ans, au même degré de perfection « que celui qui, par les voies ordinaires, aurait perdu « dix années à s'exercer journellement. Quelquefois, « j'eus l'air de ne point prendre au sérieux une as- « sertion aussi hardie, mais il répétait toujours avec « l'accent de la sincérité : « Je n'ai rien dit, qui ne « fût vrai, je vous jure; et je vous autorise à men- « tionner explicitement ma promesse. Un seul « homme, M. Gaetano Ciaudelli, à Naples, est le « dépositaire de mon secret. Depuis long-temps, il « jouait très-médiocrement du violoncelle, et passait « pour un musicien ordinaire. Moi, qui avais pris « un vif intérêt à ce jeune homme, je résolus de lui « communiquer ma découverte. Eh bien! au bout de « trois jours, il devint tout autre; c'était une méta- « morphose miraculeuse. Au lieu de râcler à faire

« mal aux oreilles les moins délicates, au lieu d'ap-
« pliquer son archet en véritable écolier, le voilà
« qui charmait son auditoire par les sons les plus
« purs et les plus suaves. »

M. Schottky, peu disposé à admettre un fait si
extraordinaire sur une simple assertion verbale, ar-
racha à Paganini un écrit conçu en ces termes so-
lennels :

« Gaetano Ciaudelli, di Napoli, per la maggia
« communicatagli da Paganini, divenne primo vio-
« loncello dei RR. teatri colà, e potrebbe essere
« il primo d'Europa. »

« G. C., de Naples, au moyen d'un procédé ma-
« gique, que lui communiqua Paganini, est devenu
« le premier violoncelle du théâtre Royal, et pour-
« rait devenir le premier du monde. »

Puis, pour mettre sa responsabilité à couvert, le
même auteur a grand soin de nous informer que
cet écrit, publié au vu et su de son auteur, est
présentement déposé entre les mains du compositeur Tomaschek, à Prague. A moins d'une mystifi-
cation dont le public aurait droit de se plaindre,
Paganini se serait en quelque sorte engagé envers
le corps des artistes, de ne point mourir sans dé-
chirer le voile.

Plus d'une fois aussi, le grand artiste fait mention du fils d'un négociant génois, nommé Camillo
Sivori : « Ce jeune homme avait à peine sept ans,
« lorsque je lui enseignais les éléments de la mu-
« sique. Au bout de trois jours, il jouait parfaite-

« ment plusieurs morceaux, et tout le monde de
« s'écrier : Paganini a fait un miracle! Au bout de
« quinze jours, il se fit entendre en public. Je dois
« à la vérité d'ajouter que la parfaite justesse de
« son sens musical facilitait les leçons que je lui
« donnais. Du reste, quand mon secret sera connu,
« les artistes arriveront à étudier plus profondé-
« ment la nature du violon, instrument cent fois
« plus riche qu'on ne le croit d'ordinaire. *Ma dé-*
« *couverte est due non au simple hasard, mais à*
« *des recherches sévères.* On en viendra un jour à
« mon système d'études; la méthode présente, où
« l'on s'applique à embarrasser plutôt les élèves,
« qu'à hâter leurs progrès, tombera devant la
« mienne, qui n'exige qu'un exercice constant de
« cinq ou six heures par jour. *C'est une erreur*
« *grossière toutefois, que de chercher le secret*
« *dans ma manière d'accorder un violon, ou*
« *dans mon coup d'archet.* Il faut de l'esprit,
« pour tirer parti de mon secret. »

Ces déclarations répétées et formelles de l'artiste, que nous nous abstenons de discuter, sont
bien faites pour piquer la curiosité, et certes nous
partageons le vœux des dilettanti, que Paganini ne
quitte point le théâtre de sa gloire, avant d'avoir
tenu sa parole, en révélant cet important secret.

Au moyen de cette méthode mystérieuse, l'avenir
verra-t-il surgir une foule de disciples, rivaux de leur
maître, ou même destinés à aller plus loin que lui?
Faut-il croire qu'il soit possible de pousser encore

plus loin les merveilles de l'exécution technique?

Ce sont là des questions que nous n'aurons pas la témérité de trancher. Il n'est point d'époque où certains artistes n'aient été prônés comme des maîtres inimitables; il n'est point de siècle qui n'ait cru voir la perfection dans ses principaux virtuoses; mais toujours les siècles suivants reculaient les bornes de l'art. L'admiration la mieux fondée pour les contemporains n'autorise pas à condamner d'avance les œuvres futures; poser des limites aux facultés humaines, c'est méconnaître la nature de l'art, dont le domaine est illimité, infini.